Arbeitsheft 1
Schreiben

von
Dr. Rüdiger Urbanek

Linda Anders
Ursula Brinkmann
Doris Frickemeier
Irmgard Mai
Gabriele Müller

illustriert von
Eva Czerwenka
Yo Rühmer
Vera Schmidt

Cornelsen

TINTO grün

Arbeitsheft 1
Schreiben

von

Dr. Rüdiger Urbanek,

Linda Anders, Ursula Brinkmann, Doris Frickemeier, Irmgard Mai, Gabriele Müller

Redaktion: Imke Pelz

Illustrationen: Eva Czerwenka, Yo Rühmer, Vera Schmidt

Umschlagillustration: Eva Czerwenka

Layoutkonzept und Umschlaggestaltung:
Rosendahl Grafikdesign

Layout und technische Umsetzung: Jutta Stindtmann, Berlin

Bildredaktion: Janin Hacker

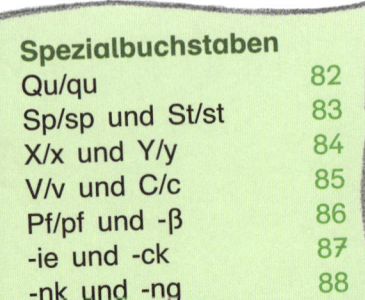

Inhaltsverzeichnis

Im Buchstabenhaus die Anlautbilder suchen und die Buchstaben eintragen.

A
B
D
E
F
G
H
I
J
K
L
M
N
O
P
R
S
T
U
W
Z

Anlautbilder mit Buchstaben verbinden.

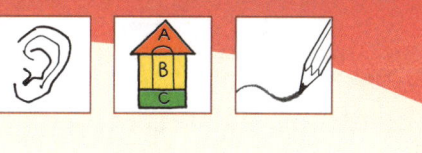

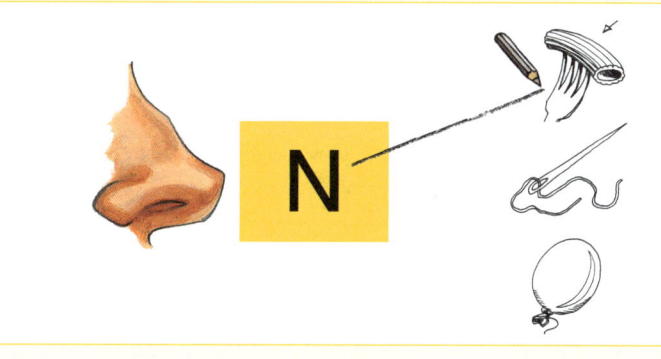

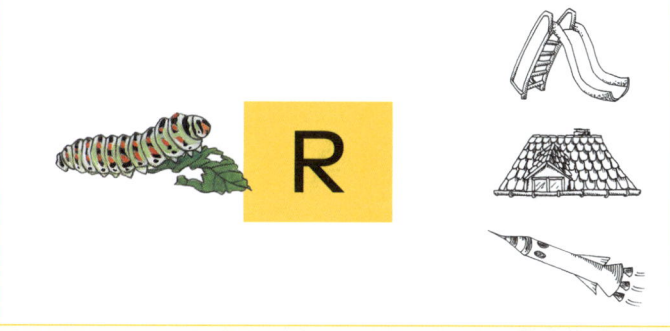

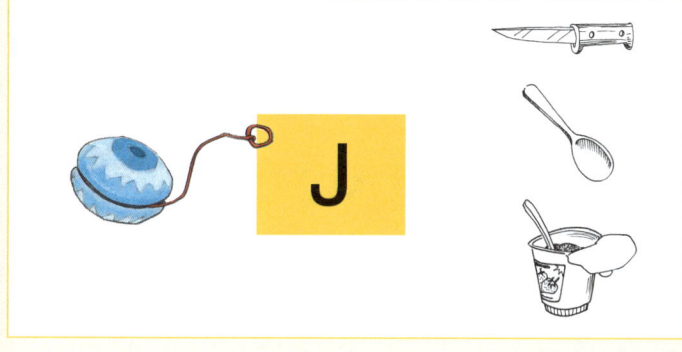

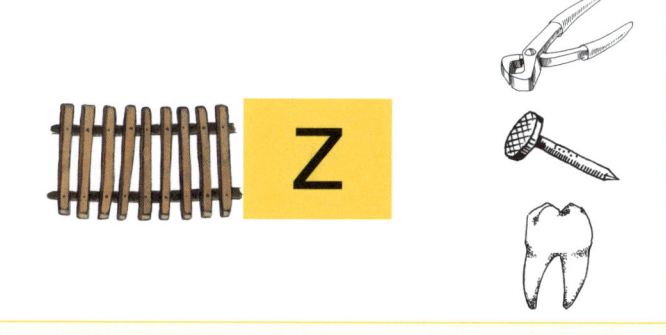

Buchstaben (hier: Dauerkonsonanten) mit Bildern verbinden,
die den gleichen Anlaut haben.

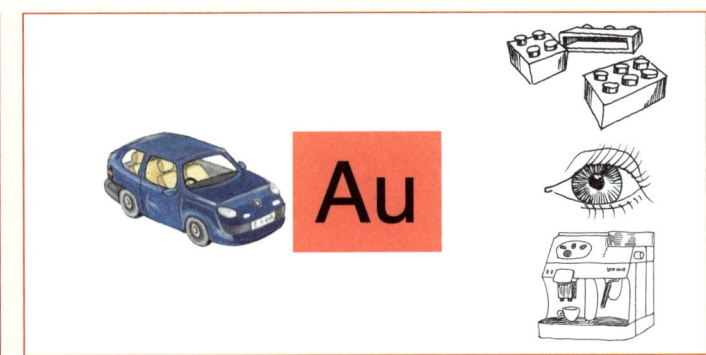

Buchstaben (hier: Vokale) mit Bildern verbinden,
die den gleichen Anlaut haben.

Wörter „verschriften": Die Buchstaben mit Hilfe des Buchstabenhauses
unter die Anlautbilder schreiben.

9

Ich bin ich

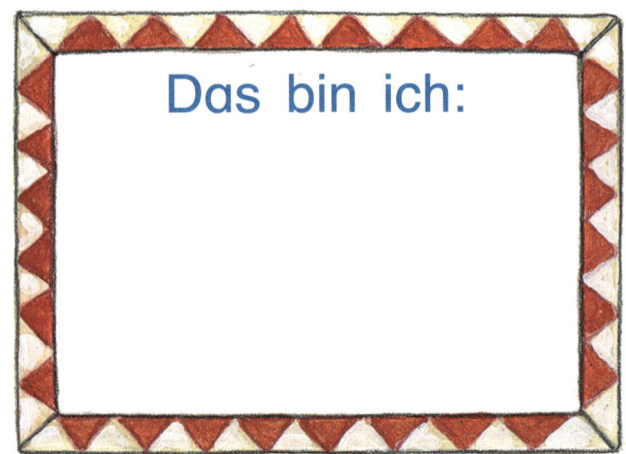

Das bin ich:

Namen verschriften: Namen Laut für Laut abhören, das entsprechende Anlautbild im Buchstabenhaus suchen, den gefundenen Buchstaben aufschreiben usw.
Ein Bild von sich einkleben oder malen und den eigenen Namen darunter schreiben.

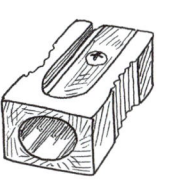

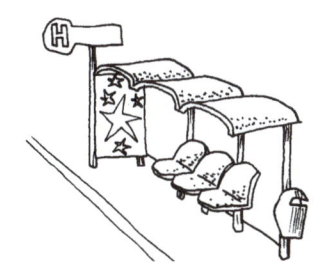

Silben klatschen/schwingen – Silbenbögen zeichnen.
Differenzierung: Anlaute notieren.

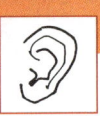

M

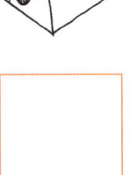
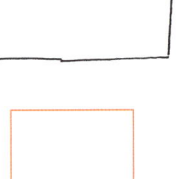

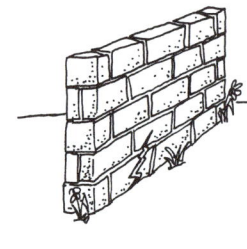

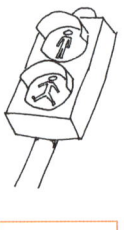

Wörter abhören und mit Hilfe des Buchstabenhauses Anlaute notieren.

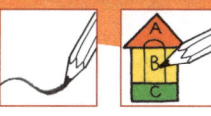

Schau genau!

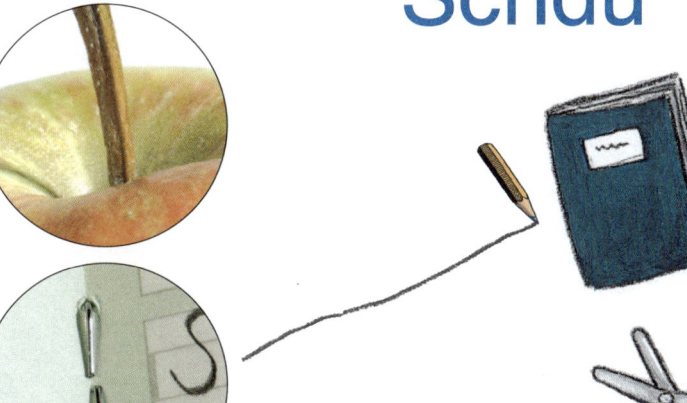

 H _____

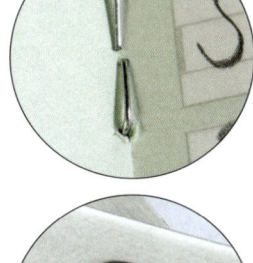

 _____

 _____

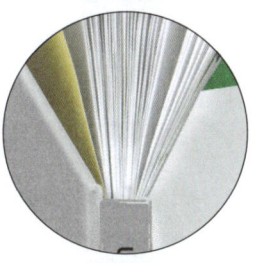

 _____

 _____

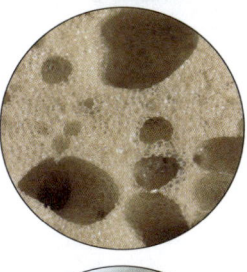

 _____

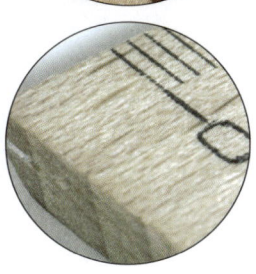

 _____

Passende Bilder verbinden;
Wörter verschriften: Wörter abhören, die gehörten Laute mit Hilfe des Buchstabenhauses notieren
(vgl. Erstlesebuch, Seite 8).

In der Pause

Damit spiele ich gerne

in der Pause:

Für die Pause geeignete Spielzeuge mit dem Schulhof verbinden und anmalen.
Differenzierung: Das eigene Lieblingsspielzeug in der Pause malen oder aufschreiben.

Auf dem Schulweg

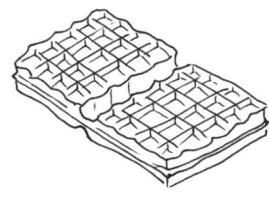
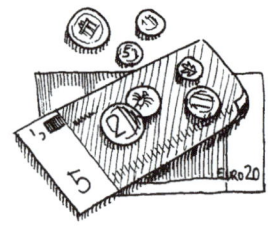

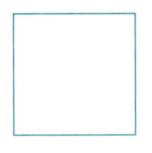
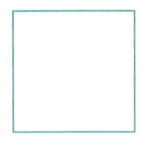

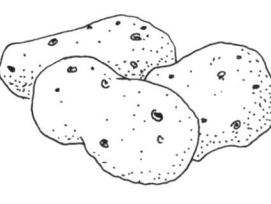

Wörter abhören und mit Hilfe des Buchstabenhauses Anlaute notieren.

Silben klatschen/schwingen – Silbenbögen zeichnen;
Wörter verschriften: Wörter abhören, die gehörten Laute mit Hilfe des Buchstabenhauses notieren.

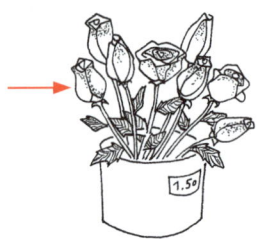

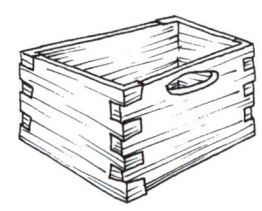

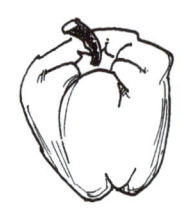

18 Die Buchstaben mit Hilfe des Buchstabenhauses unter die Anlautbilder schreiben.
Differenzierung: Wörter (oder nur Anlaute) lesen und mit den passenden Bildern verbinden.

Obst oder Gemüse?

Obst

Gemüse

Ich mag am liebsten

Obst und Gemüse durch Verbinden richtig zuordnen und anmalen.
Differenzierung: Das eigene Lieblingsobst/-gemüse aufschreiben (vgl. Erstlesebuch, Seite 18).

19

Der Apfelbaum

Der Apfel

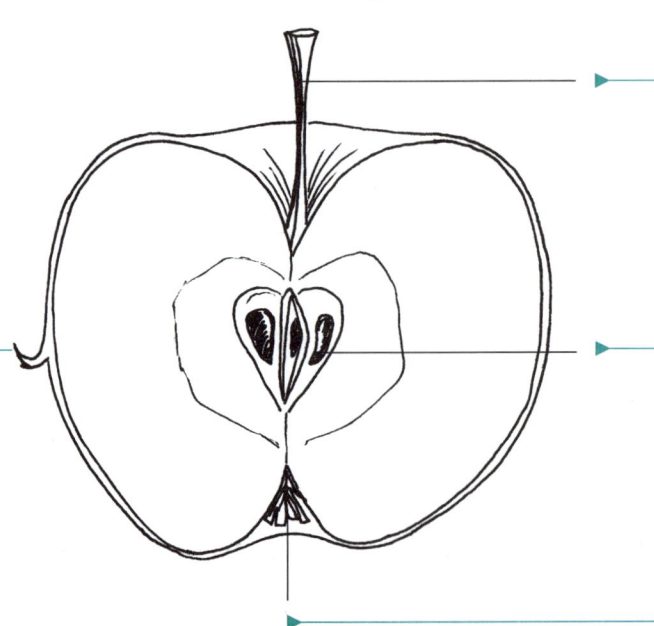

Apfelbaum und Apfel beschriften (Begriffe: siehe Handreichungen);
Bilder ausmalen.

Markt schreier

Neue Kartoffeln!
Ein Kilo nur   !

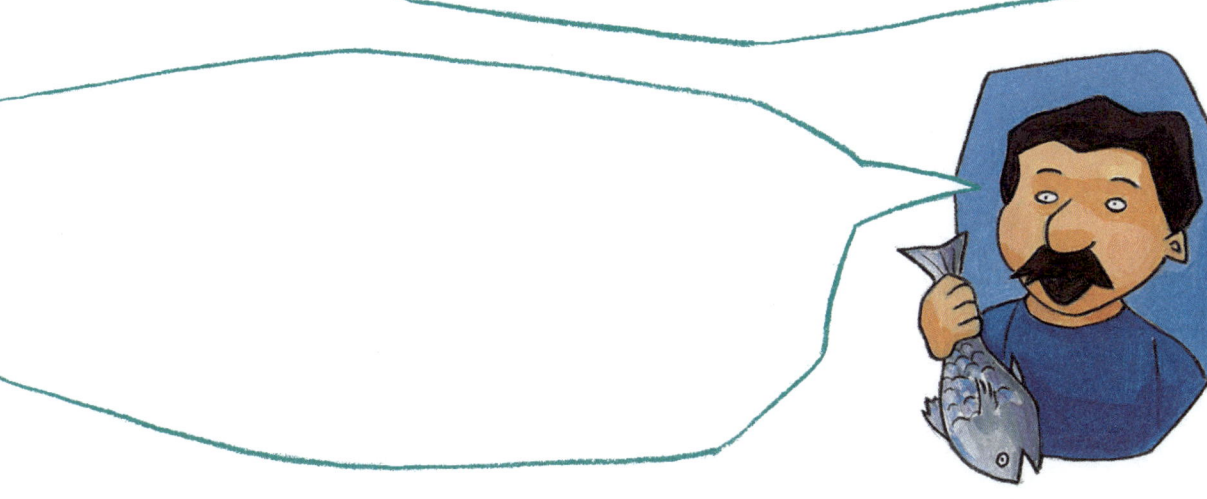

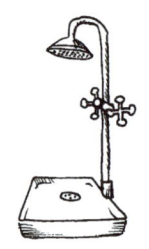

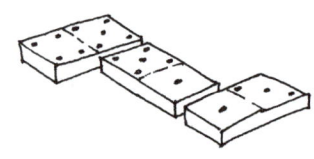

Silben klatschen/schwingen – Silbenbögen zeichnen;
Wörter verschriften.

Endlaute

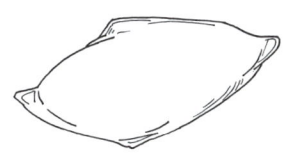 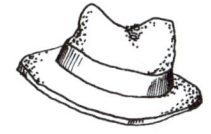  

Kisse n   Hu___   Schir___   Fot___

 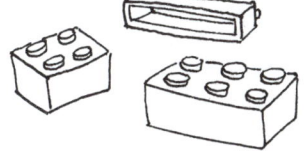  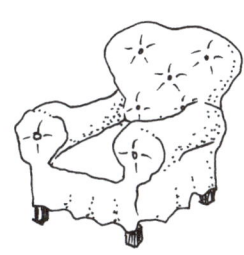

Ti___   Leg___   Globu___   Sesse___

Teppi___   Spiege___   Kerz___   Kuche___

 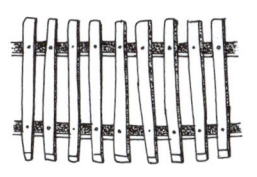  

Klinge___   Zau___   Blum___   Garte___

Lenas Zimmer

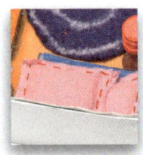 Bett

Wörter verschriften: Wörter abhören, die gehörten Laute notieren (vgl. Erstlesebuch, Seite 23).
Differenzierung: Weitere Dinge aus Lenas Zimmer verschriften.

Was gehört nicht dazu?

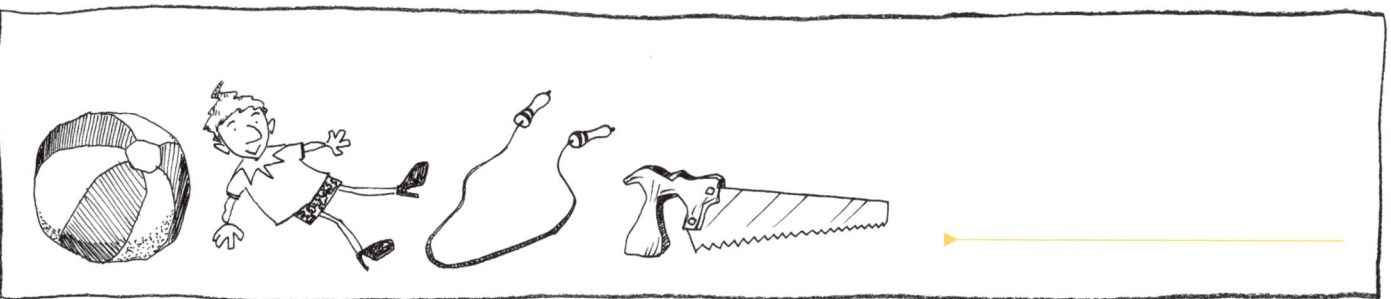

Meine Familie

Die eigene Familie malen; einen Satz bzw. Text über die eigene Familie
oder die Namen der Familienmitglieder schreiben (vgl. Erstlesebuch, Seiten 24/25).

Familien leben

Was machst du gerne mit deiner Familie?

Zu den Bildern Wort, Satz oder Text schreiben oder malen (Auswahl).

Jede Silbe hat einen Buchstaben aus dem Dach.

Ich mache es so.

Ich mach das aber so.

e a

Regal

Regal

Regal

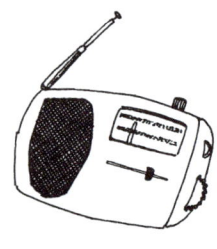

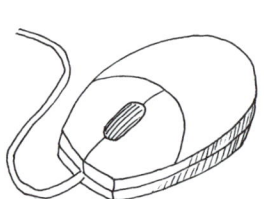

Silben klatschen/schwingen – Silbenbögen zeichnen; Wörter verschriften.
Differenzierung: Je nach Lernsituation des Kindes Tipps zum Schreiben nutzen/ausprobieren (s. Handreichungen).

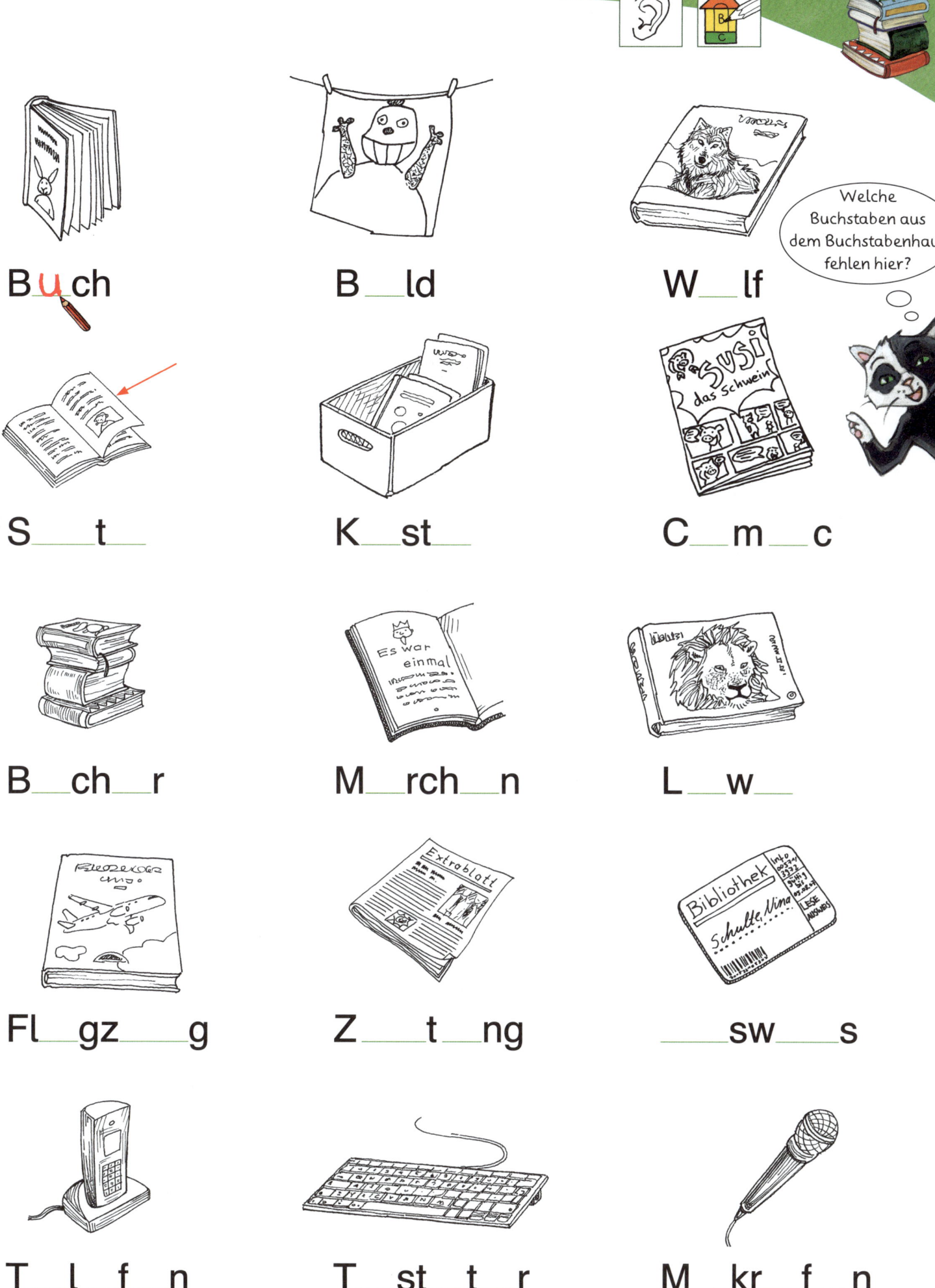

B u ch

B __ ld

W __ lf

Welche Buchstaben aus dem Buchstabenhaus fehlen hier?

S __ t __

K __ st __

C __ m __ c

B __ ch __ r

M __ rch __ n

L __ w __

Fl __ gz __ g

Z __ t __ ng

__ sw __ s

T __ l f __ n

T __ st __ t __ r

M __ kr __ f __ n

Vokale (Dachbuchstaben) im Wort rot ergänzen.   29

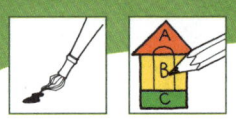

Jans Lieblingsbuch

Martin Baltscheit

Die Geschichte vom Löwen,

der nicht schreiben konnte.

der mistkäfer schreipt einen

schtink brif für den Löwen

Jan

Der Mistkäfer schreibt
einen Stinkbrief für den Löwen.
Jan

Mein Lieblingsbuch

Lieblingsbuch vorstellen: Bild malen, Autor/-in und Titel aufschreiben,
Wörter oder Satz zum Buch verschriften.

Buchtitel

So lebten
die Dinosaurier

Wie heißen diese Figuren?

Pippi Langstrumpf

Krümelmonster

Sandmann

Käpt'n Blaubär

Hein Blöd

Pumuckl

Hase Felix

Eisbär Lars

Namen lesen und mit den entsprechenden Figuren verbinden;
fehlende Namen verschriften.

Lesen

Nikolaus
Heidelbach

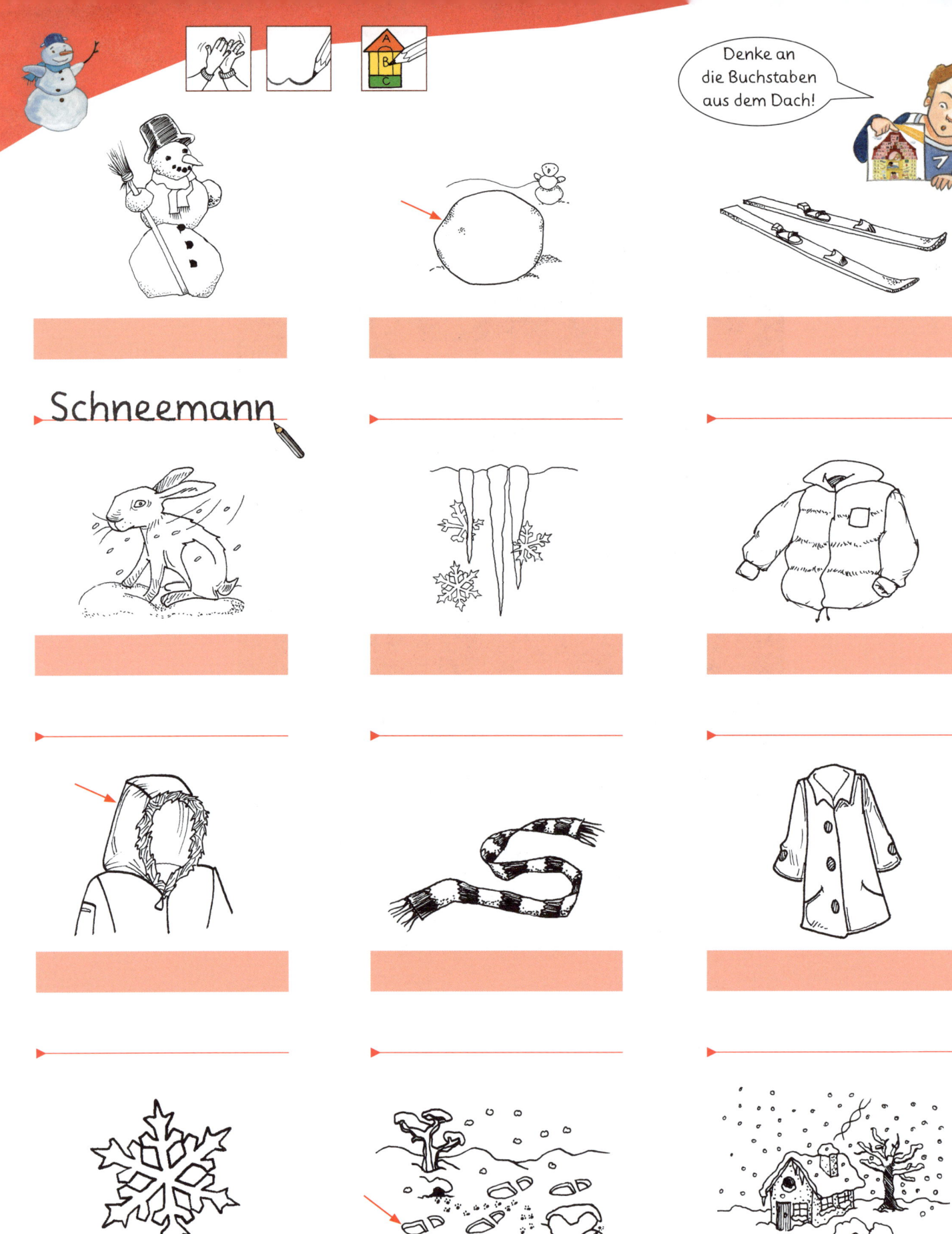

Schneemann

Silben klatschen/schwingen – Silbenbögen zeichnen; Wörter verschriften.
Differenzierung: Je nach Lernsituation des Kindes zusätzlich Vokale (Dachbuchstaben) in die Silbenbögen eintragen
oder/und die Vokale im Wort rot markieren (vgl. Seite 28).

Sp/sp ▶ Seite 83
St/st ▶ Seite 83

Winter-Geschichten

▶ _____

_____

_____

_____

_____

_____

_____

▶ _____

_____

_____

_____

_____

_____

Hungrige Vögel

Amsel Blau meise Kohl meise Spatz Buch fink

Erd nüsse Rosinen Apfel Meisen glocke

Vögel und Futter mit Hilfe der Wörter beschriften
(vgl. Erstlesebuch, Seite 38).

Sp/sp ▶ Seite 83
ck ▶ Seite 87
nk, ng ▶ Seite 88

Tiere im Winter

Die Haselmaus schläft in ihrem Bau.

die **Haselmaus**   die **Amsel**   der **Igel**   der **Hase**

das **Reh**   das **Eichhörnchen**   der **Frosch**

kalt oder warm oder heiß?

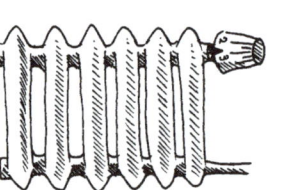
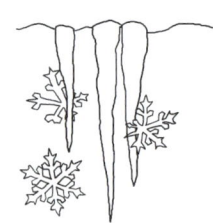

heiß

▶ _____

▶ _____

▶ _____

▶ _____

▶ _____

▶ _____

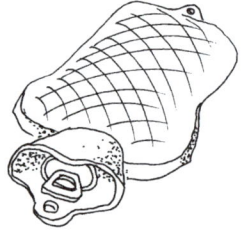
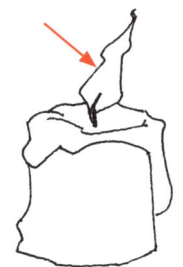

▶ _____

▶ _____

▶ _____

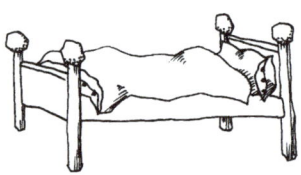

▶ _____

▶ _____

▶ _____

Die Begriffe kalt, warm und heiß den Bildern zuordnen und aufschreiben.

ß ▶ Seite 86

Viele Thermometer

Mit einem Thermometer können wir
die Temperatur messen.

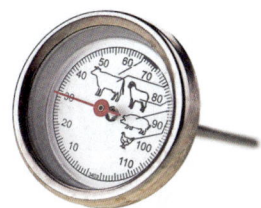

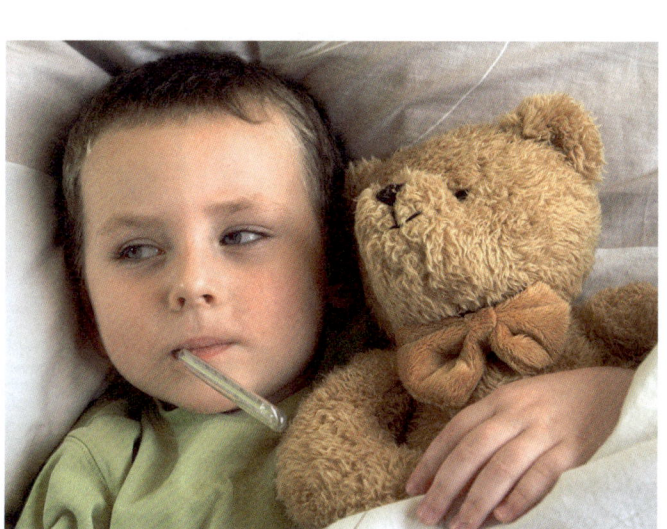

- Fieber thermometer

- Bade thermometer

- Außen thermometer

- Zimmer thermometer

- Braten thermometer

β ▶ Seite 86
ie ▶ Seite 87

Wörter lesen und mit den richtigen Thermometern verbinden (vgl. Erstlesebuch, Seite 41).
Differenzierung: Zum Bild schreiben.

39

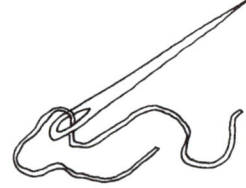
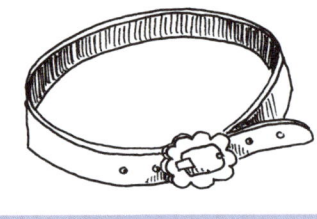

der **Riese**   ▸ die ___   ▸ der ___

▸ die ___   ▸ der ___   ▸ der ___

▸ der ___   ▸ das ___   ▸ der ___

▸ der ___   ▸ der ___   ▸ der ___

Silben klatschen/schwingen – Silbenbögen zeichnen; Wörter verschriften.
Differenzierung: Je nach Lernsituation des Kindes zusätzlich Vokale (Dachbuchstaben) in die Silbenbögen eintragen oder/und die Vokale im Wort rot markieren (vgl. Seite 28).

ie ▶ Seite 87

Ich spreche ...,
aber ich schreibe ...

au oder ei oder eu?

  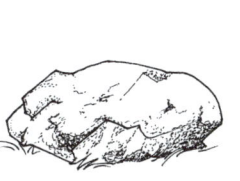 

B**eu**tel Tr___m St___n F___er

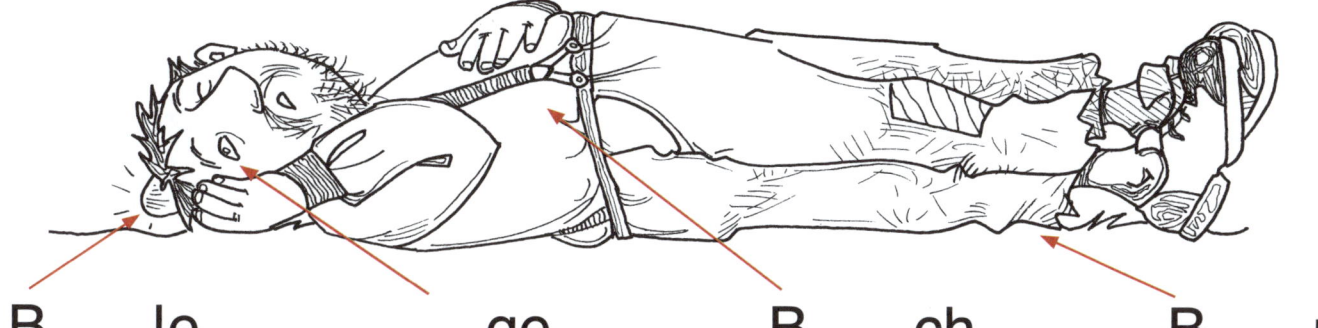

B___le ___ge B___ch B___n

ä oder ö oder ü?

K___fer M___tze M___dchen Fl___gel

K___nigin L___we M___rchen B___r

Diphthonge (**oben**) bzw. Umlaute (**unten**) im Wort rot ergänzen. **41**

Was Riesen können

Der Holzfällerriese
kann Bäume
mit einer Hand
ausreißen.

Der Rennriese **kann** _____

_____

Der Vielfraßriese **kann** _____

_____

Der Krachmacherriese **kann** _____

_____

rennen	verschlingen	Türme	Meer
essen	schreien	Pauken	Elefant
trommeln	rasen	Hühnchen	Trompete

Besondere Fähigkeiten der Riesen (mit Hilfe der Wortbeispiele) ausdenken und Sätze fortsetzen.
Differenzierung: Eigenen Riesen mit besonderen Fähigkeiten ausdenken, malen und dazu schreiben.

V/v ▶ Seite 85
ß ▶ Seite 86
ie ▶ Seite 87

Das tapfere Schneiderlein

riesig – winzig

dick – dünn

stark – schwach

fröhlich – grimmig

groß – klein

laut – leise

mutig – ängstlich

Nikolaus Heidelbach

St/st ▶ Seite 83
ie, ck ▶ Seite 87

Zum Bild schreiben (Sätze, Geschichte, ggf. mit Hilfe der Wortbeispiele)
(vgl. Erstlesebuch, Seiten 48–49).

43

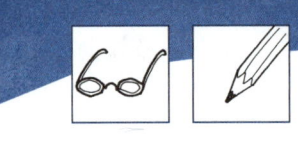

Riesen der Urzeit

① **Der Triceratops** lief auf vier Beinen.
Er hatte drei Hörner und einen Nacken schild.

② **Der Tyranno saurus** lief auf den Hinter beinen.
Die Vorder beine waren sehr kurz. Er fraß Fleisch.

③ **Der Archä opteryx** hatte Flügel.
Er konnte fliegen.

④ **Der Brachio saurus** lief auf vier Beinen.
Er hatte einen sehr langen Hals.

44 Texte lesen und den Bildern zuordnen (Nummern eintragen),
(vgl. Erstlesebuch, Seite 51).

ie ▶ Seite 87
V/v, C/c ▶ Seite 85
Y/y, X/x ▶ Seite 84

Kennst du diese Riesen?

Ich habe einen langen Hals. Ich lebe in Afrika.

_____

Ich lebe im Meer. Ich blase Wasser in die Luft.

_____

Mich gab es vor Millionen Jahren.

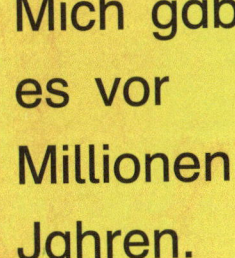

_____

Ich habe Stoßzähne und einen langen Rüssel.

_____

Ich trage einen Panzer. Meine Eier lege ich in warmen Sand.

_____

Ich kann weit springen. Meine Jungen trage ich in meinem Beutel.

_____

Sp/sp, St/st ▶ Seite 83
ß ▶ Seite 86
ie ▶ Seite 87

Rätsel lesen, mit Hilfe der Bilder lösen und die Namen der Tiere aufschreiben (vgl. Erstlesebuch, Seite 51).
Differenzierung: Eigene Tierrätsel aufschreiben und von Partnerkindern lösen lassen.

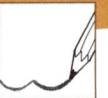

der

die

der

der

das

der

die

die

die

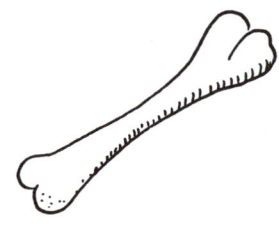

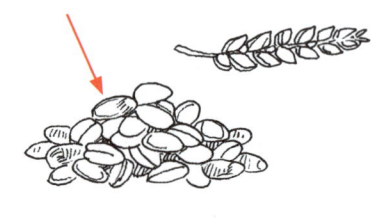

der

der

die

Silben klatschen/schwingen – Silbenbögen zeichnen; Wörter verschriften.
Differenzierung: Je nach Lernsituation des Kindes zusätzlich Vokale (Dachbuchstaben) in die Silbenbögen eintragen oder/und die Vokale im Wort rot markieren (vgl. Seite 28).

46

ng ▶ Seite 88

Die Katze

Körperteile der Katze beschriften (Begriffe: s. Handreichungen) (vgl. Erstlesebuch, Seite 56).

47

Alles für die Katze

| das **Wasser** | der **Korb** | das **Klo** |
| der **Kratz baum** | das **Futter** | der **Ball** |

Eine Katze braucht noch mehr:

Oben: Zubehör für die Katze benennen und mit Hilfe der vorgegebenen Wörter aufschreiben.
Unten: Über die Bilder erkennen, welche Zuwendung und Rücksichtnahme Katzen benötigen;
zu einem oder mehreren Bildern schreiben.

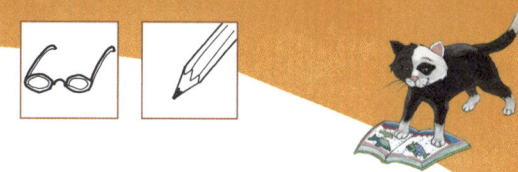

Die Katze ist ein Raubtier

Wie fängt die Katze eine Maus?

①   ②   ③   ④

▶   ▶   ▶   ▶

packen	schleichen	springen	lauern

Kennst du ihre Verwandten?

Löwe	Leopard	Tiger	Gepard	Luchs	Panther

Sp/sp ▶ Seite 83
ie, ck ▶ Seite 87
V/v ▶ Seite 85

Oben: Verben zuordnen und aufschreiben.
Unten: Namen der Raubkatzen zuordnen und aufschreiben (vgl. Erstlesebuch, Seite 52).

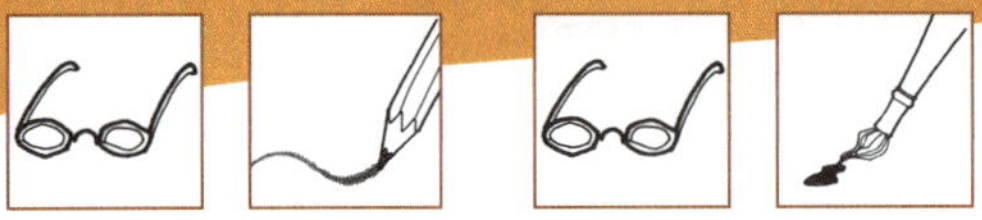

Wer macht wie?

der Papagei		spricht
der Hund		miaut
die Schlange		bellt
die Katze		pfeift
der Wellen sittich		zischt
das Meer schweinchen		zwitschert

Lies und male!

Das Kaninchen auf dem Baum stamm ist braun.
Seine beiden Ohren stehen hoch.
Das Kaninchen am Futter haus ist grau.
Es frisst Möhren und Salat.
Fatmas Kaninchen ist weiß
und hat zwei schwarze Ohren.

Oben: Den Tierabbildungen Namen und Geräusch-Verben zuordnen.
Differenzierung: Als Sätze ins Heft schreiben.
Unten: Leseverständnis zeigen: Das Bild dem Text entsprechend anmalen/ergänzen.

Sp/sp, St/st ▶ Seite 83
Pf/pf, ß ▶ Seite 86

Heinz Wildi

Zu den Bildern eine Geschichte schreiben, eine Überschrift finden.

-el oder -en oder -er?

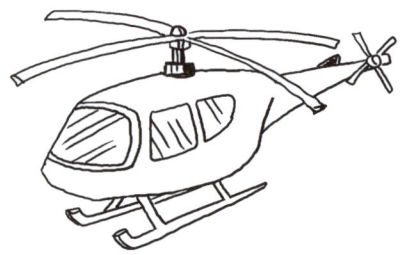  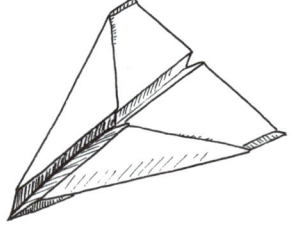

Hub schraub en   Vog_____   Papier flieg_____

 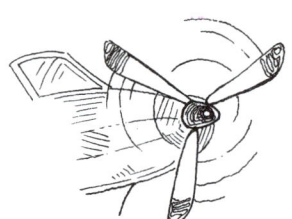 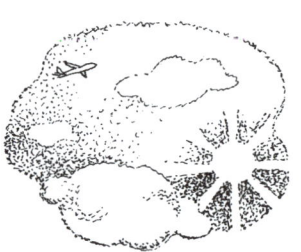 

Fahn_____   Propell_____   Himm_____   Flamm_____

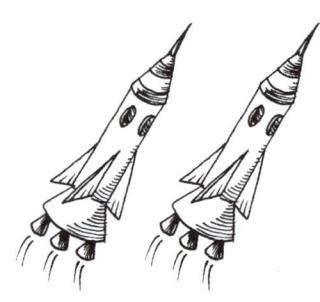  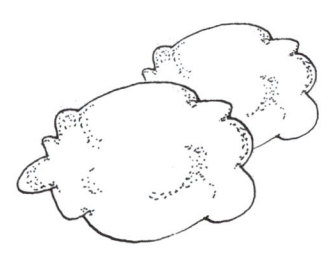

Oben: Wörter abhören und die richtigen Endungen ergänzen.
Unten: Wörter mit den richtigen Endungen verschriften.

ie ▶ Seite 87

Kennst du diese Flieger?

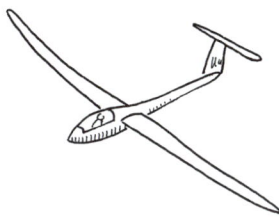

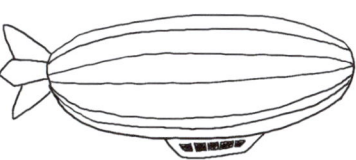

der **Hub** **schrauber**   der **Air** **bus**   der **Zeppelin**

das **Segel** **flugzeug**   der **Heiß** **luft** **ballon**

der **Fall** **schirm**   der **Gleit** **flieger**   der **Doppel** **decker**

ie, ck ▶ Seite 87
ß ▶ Seite 86

Flieger wiedererkennen und mit Hilfe der Wörter beschriften
(vgl. Erstlesebuch, Seiten 60–61 und 63).

53

Lies und male!

Der Pilot trägt einen Koffer.

Lenas Luftballon ist rot.

Die Rakete hat
den Namen „Ariane".
Sie hat drei Düsen.
Sie fliegt am Mond vorbei.

Am Himmel sind
zwei graue Wolken.
Unter den Wolken
fliegt ein Vogel.
Tinto jagt einen
gelben Schmetterling.
Fängt er ihn?

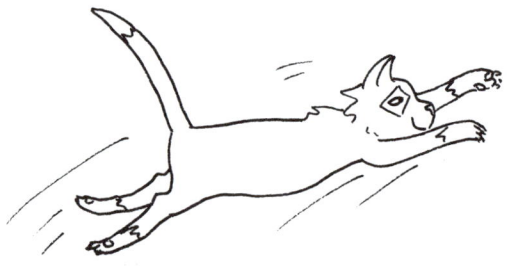

Leseverständnis zeigen: Bilder dem Text entsprechend anmalen/ergänzen;
letzte Frage passend zur eigenen Zeichnung mit Ja oder Nein beantworten.

ie ▶ Seite 87
ng ▶ Seite 88

Papierflieger

Du brauchst einen Bogen Kopierpapier.
Falte so:

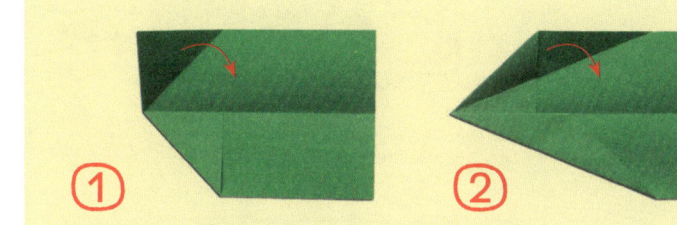 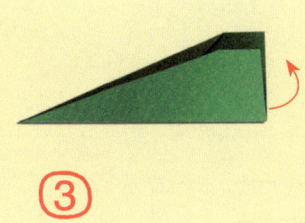 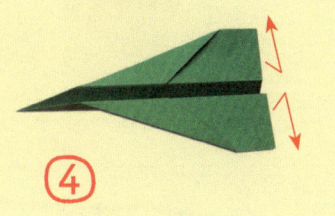

①   ②   ③   ④

Probiere aus, wie dein Flieger fliegt.

Falte nun auch einen Flieger aus anderem Papier,
zum Beispiel Zeitungspapier oder Tonpapier.

Welcher Flieger fliegt am besten?

Falte noch
andere Flieger.
Schau
ins Internet.

Wie weit ist er geflogen?

ie ▶ Seite 87

Bastelanleitung mit Hilfe der Bilder und Texte nachvollziehen,
ggf. im Internet Informationen einholen, Fragen mündlich oder schriftlich beantworten.

55

Spezialflugzeuge

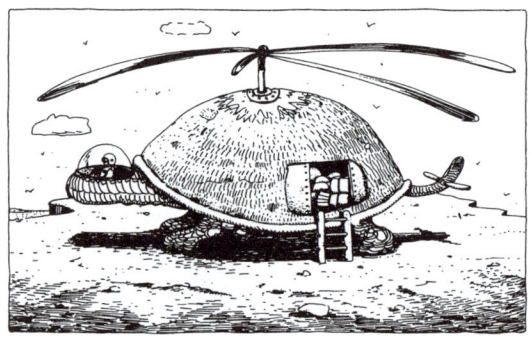

Erwin Moser

Den „Spezialflugzeugen" einen Namen geben;
ein eigenes „Spezialflugzeug" zeichnen und ihm einen Namen geben.

Sp/sp ▶ Seite 83

Die Ballonfahrt

Opa, Lena und Tim machen eine Fahrt mit einem Ballon.

„Schaut mal", ruft Opa,

Zu einem Bild schreiben (Sätze, Geschichte)
(vgl. Erstlesebuch, Seite 62).

57

Eins – viele

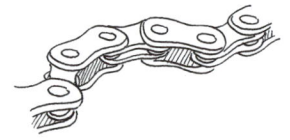

die Kette

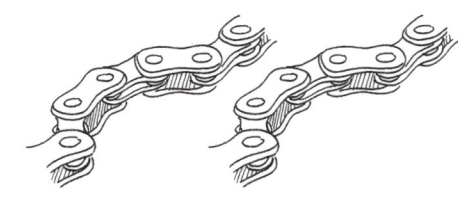

die Ketten

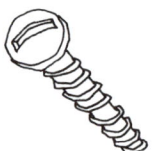

die _____

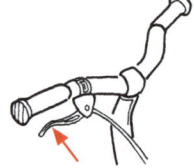

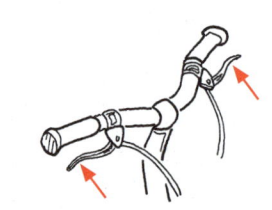

die _____

die _____

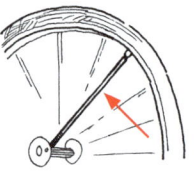

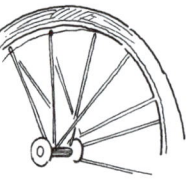

die _____

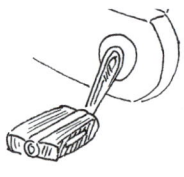

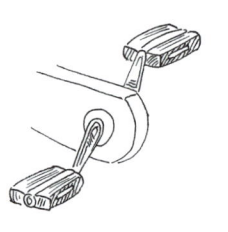

das _____

In der Werkstatt

Fatma _hält   eine Klingel_____ .

Jonas _____ .

Eine Frau _____ .

Ben _____ .

Die Mechanikerin _____ .

Der Magnet _____ .

~~hält~~	die Tür	~~eine Klingel~~
schiebt	öffnet	sein Fahrrad
stößt	repariert	an das Kästchen
liegt	das Rad	auf dem Tisch

St/st ▶ Seite 83
ie ▶ Seite 87
ß ▶ Seite 86

Satzanfänge mit Hilfe der vorgegebenen Wörter und Bilder ergänzen:
Verben in der Personalform und Satzergänzungen einsetzen (vgl. Erstlesebuch, Seiten 68/69). 59

Lies und male!

1 Die Werkbank hat blaue Beine. Neben der Dose liegt ein Lappen.

RADRENNEN

am 5. Mai in

_____

2 Das Radrennen findet in Berlin statt.

3 Lena trägt einen gelben Helm. Ihr Fahrrad ist rot.

4 Auf der Erde liegen fünf Schrauben. Fatma sammelt sie auf.

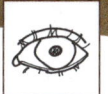  

Was ist magnetisch?

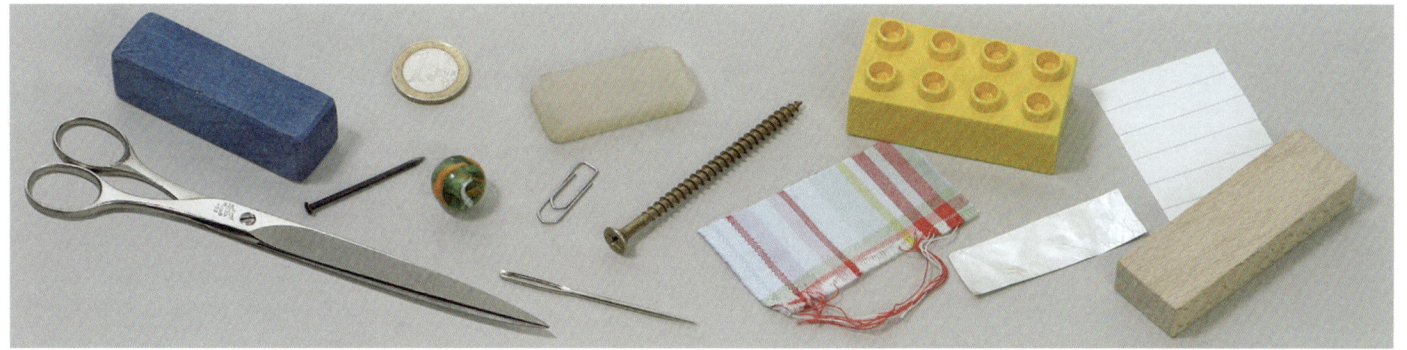

magnetisch	nicht magnetisch

Was fehlt?

die Handbremse,

Fehler und fehlende Teile bei einem Fahrrad finden, aufschreiben und im Bild ergänzen
(vgl. Erstlesebuch, Seite 75).

Mein Wunschrad

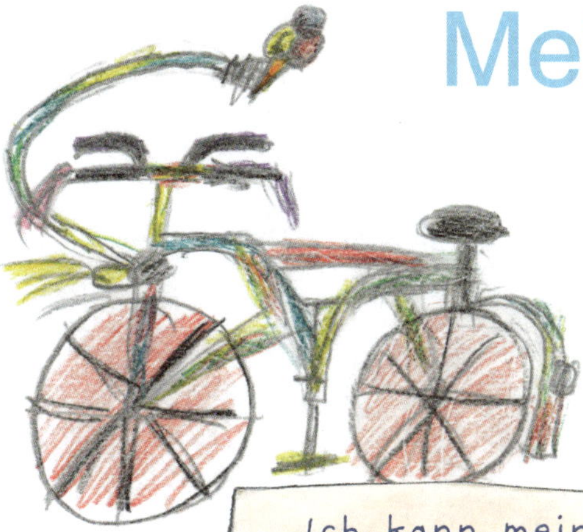

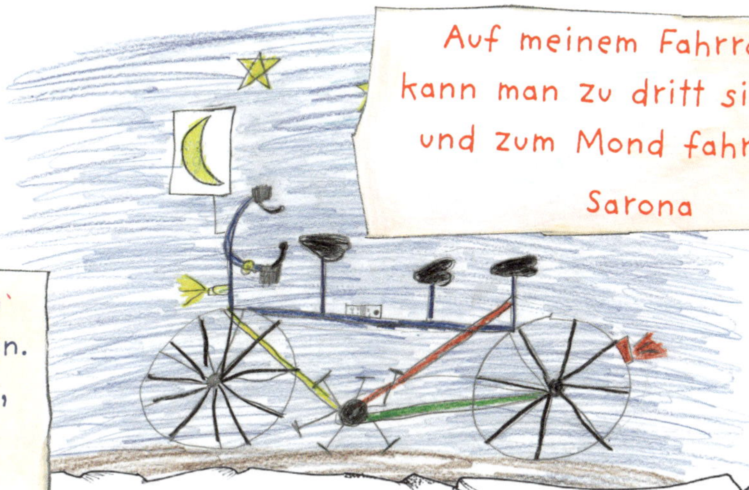

Auf meinem Fahrrad
kann man zu dritt sitzen
und zum Mond fahren.

Sarona

Ich kann meinem
Fahrrad alles sagen.
Und das gibt mir,
was ich möchte.

Neslihan

Was gehört zusammen?

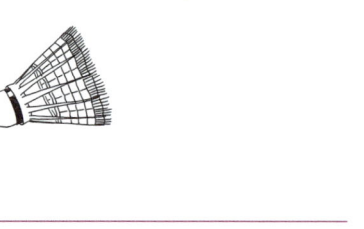
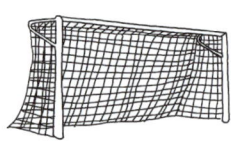

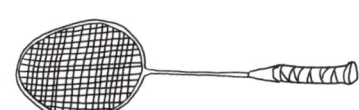

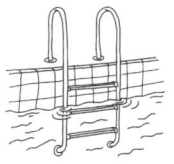

1 Schreibe die Wörter.

2 Was gehört zusammen? Verbinde.

Was gehört zum Sport? Male es an.

Wörter verschriften; zusammengehörende Gegenstände verbinden;
Differenzierung: Alle Dinge anmalen, die zum Sport gehören.

-er oder -el?

der Schläg_____   der Satt_____

der Roll_____   der Gürt_____   der Box_____

das Seg_____   die Schauk_____

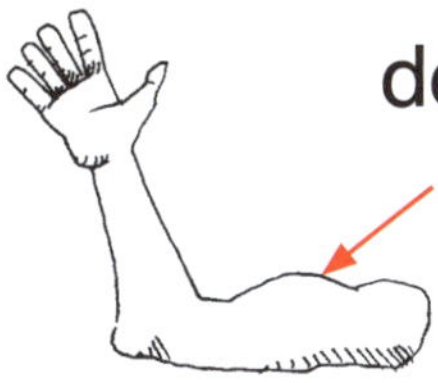

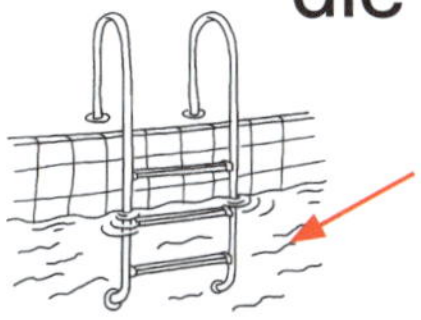

der Musk_____   das Wass_____   der Tauch_____

-er	-el

1 Schreibe die richtige Endung auf.

2 Ordne die Wörter in die Tabelle ein.

Wörter abhören und die richtigen Endungen ergänzen;
Wörter in die Tabelle eintragen.

Treppensätze bauen

Drei Sportler			
Drei Sportler	stehen		
Drei Sportler	stehen	als Sieger	
Drei Sportler	stehen	als Sieger	auf der Treppe.

4 auf der Treppe
2 stehen
1 Drei Sportler
3 als Sieger

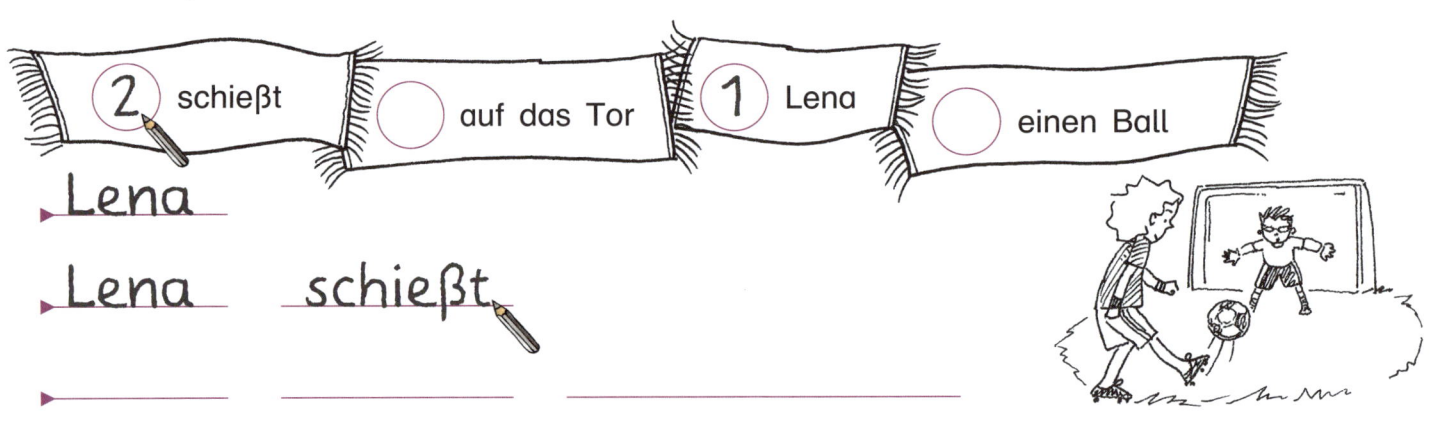

2 schießt   ○ auf das Tor   **1** Lena   ○ einen Ball

Lena

Lena   schießt

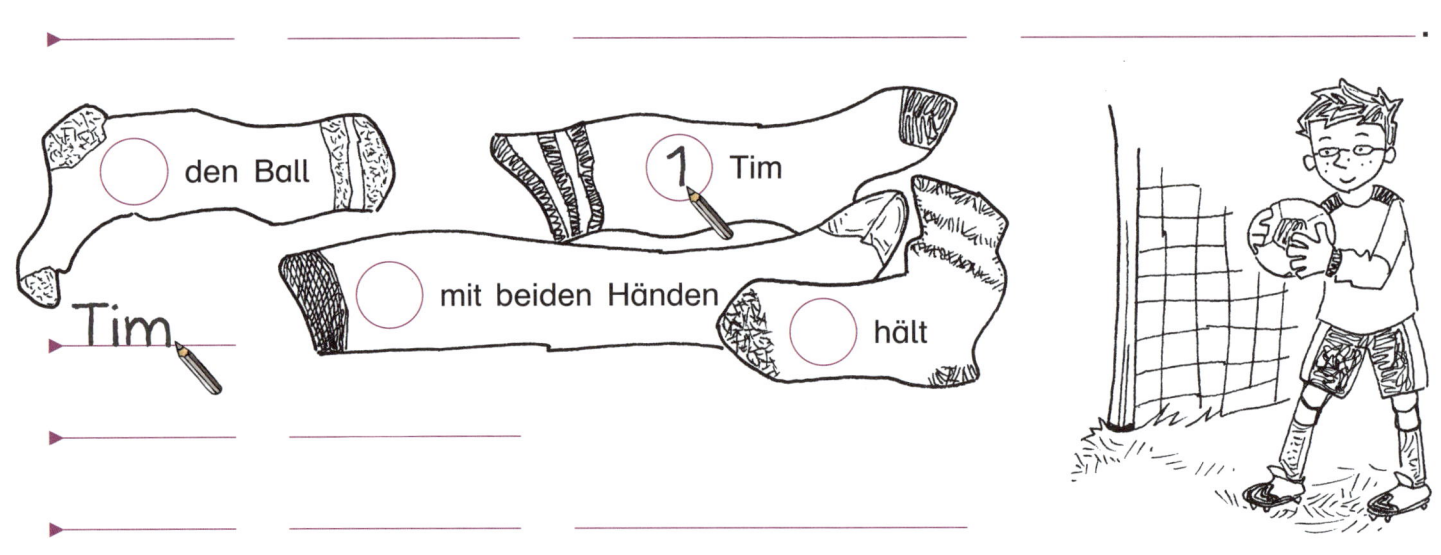

○ den Ball   **1** Tim

○ mit beiden Händen   ○ hält

Tim

1 Lies die Sätze und schreibe weiter.

Kannst du mit den Satzteilen auch **Fragen** bilden?

66
Sätze aus vorgegebenen Satzgliedern bauen.
Differenzierung: Sätze neu umstellen und ins Heft schreiben.

Sp/sp, St/st ▶ Seite 83
ie ▶ Seite 87
ß ▶ Seite 86

Was Sportler tun

__dr__ ibbeln

_____eten

_____eifen

_____ehen

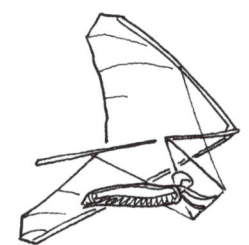

_____iegen

_____eiten

_____eudern

_____ettern

_____agen

_____immen

_____ingen

_____inken

1 Ergänze den Anfang der Wörter.

🐾 Überlege dir noch mehr solche Wörter.

Sp/sp ▶ Seite 83

Wörter abhören und die richtigen Endungen ergänzen;
Wortanfänge mit Konsonantenhäufungen ergänzen;
Differenzierung: Weitere Verben (mit Konsonantenhäufungen) finden.

67

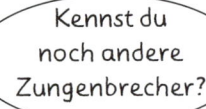

Kennst du noch andere Zungenbrecher?

Zum Schnellsprechen

StarkeStürmerschießenscharfeSchüsse.

_____

_____

KleineKinderspuckenkleineKirschkerne.

_____

_____

FischersFritzfischtfrischeFische.

_____

_____

1 Lies und mache nach jedem Wort einen Strich.

2 Schreibe die Zungenbrecher richtig auf.

Beide   boxen   braune

Brüder   Bälle   platt

🐾 Wie heißt der Zungenbrecher? Verbinde.

68 Lesen und Wortgrenzen kennzeichnen, Sätze richtig aufschreiben;
Differenzierung: Den letzten Zungenbrecher durch Verbinden ordnen.

Sp/sp, St/st ▶ Seite 83
ß ▶ Seite 86
ck ▶ Seite 87

Im Rollstuhl

Jan und Paul flitzen um die Wette.

Paul rennt. Jan rollt.

Schneller, immer schneller.

1 Lies den Text.

2 Was können Jan und Paul noch zusammen machen?
Schreibe es auf.

Aus der Endung ...en wird ....

Sommer auf der Wiese

blasen — er bläst

singen — sie sing

kriechen — sie

leben — er

sitzen — er

Eine Schnecke _____ über Fatmas Hand.

Eine Amsel _____ ihr Lied.

Tim _____ auf einem Grashalm.

Ein Schmetterling _____ auf der Blüte.

Der Maulwurf _____ unter der Erde.

1 Ergänze, was fehlt.

Passende Verben in der Personalform ergänzen.

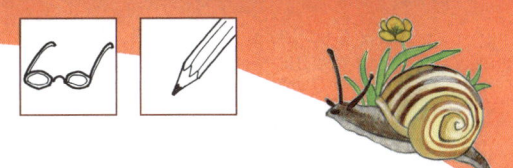

Auf der Wiese

Die Raupe sitzt _____ dem Blatt.

Der Schmetterling fliegt _____ die Wiese.

Die Schnecke klebt _____ Baum.

Der Maulwurf schläft _____ der Erde.

Die Maus sitzt _____ dem Stein.

Tinto liegt _____ Gras.

Der Löwenzahn wächst

_____ dem Baum.

| auf | unter | über |
| im | am | vor | neben |

1 Ergänze die fehlenden Wörter.

🐾 Was **tun** diese Tiere? Unterstreiche die Wörter.

Pflanzen und Tiere der Wiese

1 Löwenzahn _____

2 _____

3 _____

4 _____

5 _____

6 _____

7 _____

8 _____

9 _____

10 _____

11 _____

12 _____

13 _____

14 _____

Gänseblümchen   Hahnenfuß   Löwenzahn   Klee   Margerite
Maulwurf   Spitzmaus   Raupe   Hummel   Schnecke
Schmetterling   Marienkäfer   Grashüpfer   Spinne

1 Wie heißen die Pflanzen und Tiere? Schreibe sie auf.

🐾 Male die Pflanzen an.

72 Tiere und Pflanzen im Bild erkennen, benennen und aufschreiben;
Differenzierung: Pflanzen richtig anmalen (vgl. Erstlesebuch, Seiten 86/87).

Sp/sp ▶ Seite 83
ß ▶ Seite 86

Treppensätze

③ langsam ② kriecht ① Die Schnecke ④ zum Salat

Die Schnecke

Die Schnecke kriecht

Die Schnecke kriecht langsam

Die Schnecke kriecht langsam zum Salat.

② pflückt   Blumen   ① Auf der Wiese   Lena

Auf der Wiese

Auf der Wiese pflückt

___

___

die Spinne   eine Fliege   ① In ihrem Netz   fängt

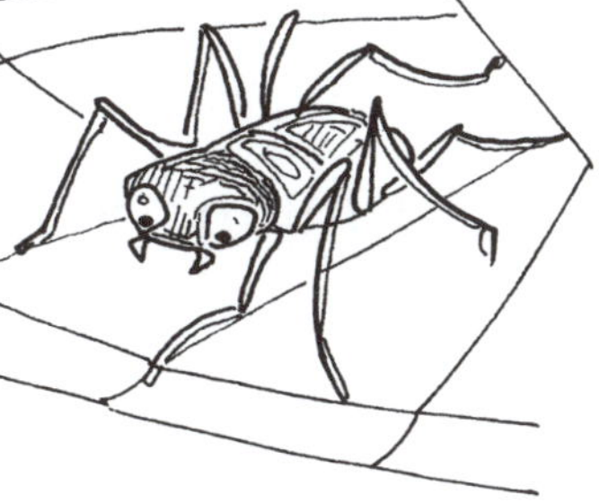

In ihrem Netz

___

___

1 Lies die Sätze und schreibe weiter.

ie, ck ▶ Seite 87
Sp/sp ▶ Seite 83

Sätze aus vorgegebenen Satzteilen bauen.
Differenzierung: Sätze neu umstellen und ins Heft schreiben.   **73**

Die Schnecke

Kriechsohle

Haus ~~Kriechsohle~~ Atemloch Mund
Augenfühler Augen Tastfühler

1 Beschrifte die Schnecke.

2 Beantworte die Fragen:

a) Wo lebt die Schnecke?

b) Wohin legt die Schnecke ihre Eier?

Wozu braucht die Schnecke ihre Fühler?

Das größte Haus der Welt

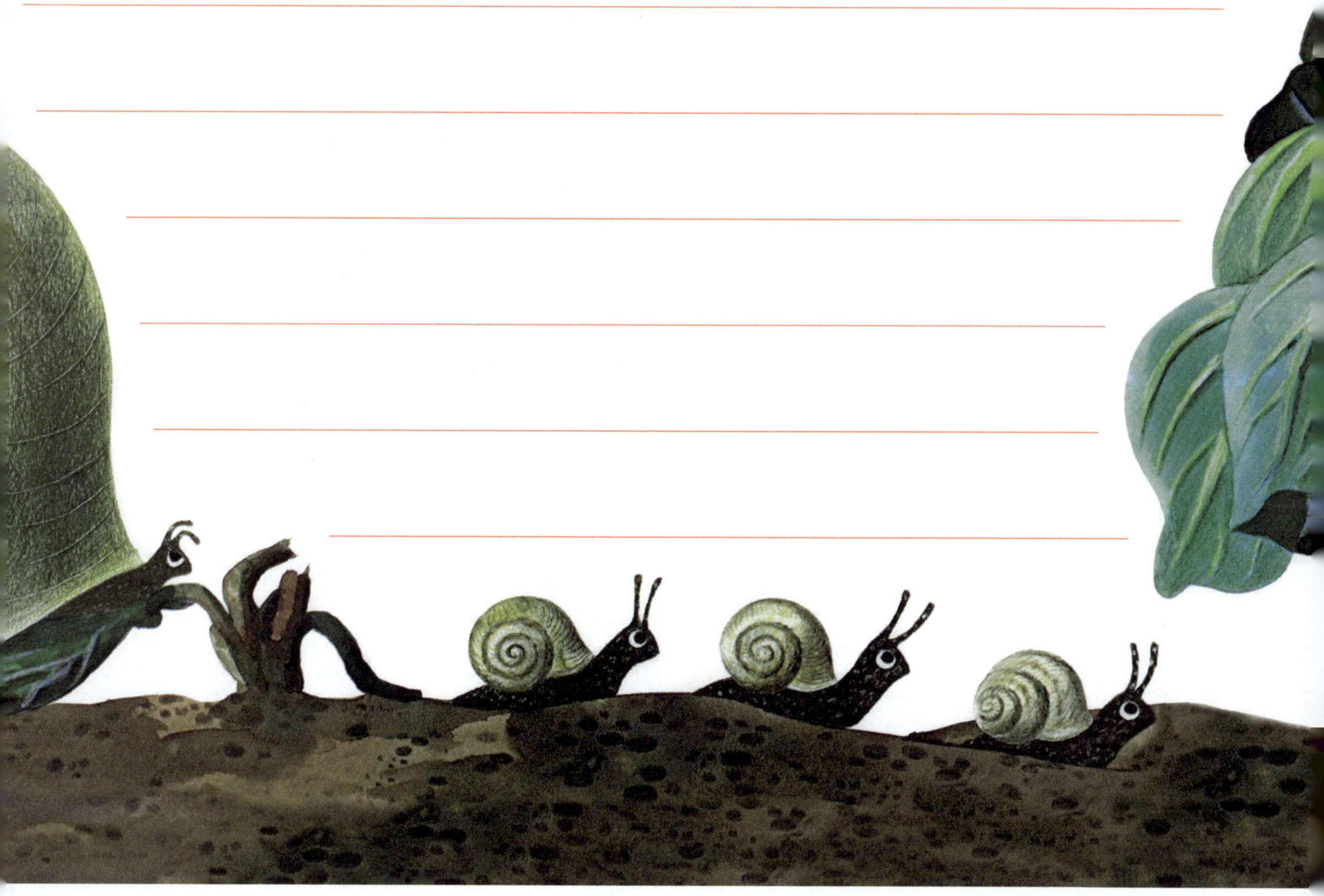

1 Wie könnte die Geschichte von der Schnecke weitergehen?
Schreibe es auf.

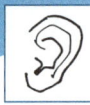 

Sankt Martin

Mond

Laternenformen benennen / Wörter verschriften: Wörter abhören, die gehörten Laute notieren;
Satz oder Text zum Laternenumzug schreiben.

St/st ▶ Seite 83

Plätzchen backen

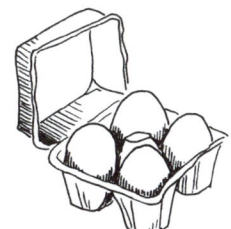

▶ _____

▶ _____

▶ _____

▶ _____

▶ _____

▶ _____

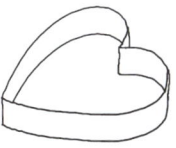

▶ _____

▶ _____

▶ _____

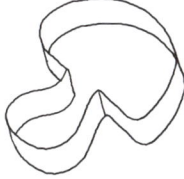

▶ _____

▶ _____

▶ _____

ck   ▶ Seite 87
ng   ▶ Seite 88
St/st ▶ Seite 83

Wörter verschriften: Wörter abhören, die gehörten Laute notieren.

Weihnachtswünsche

B __u__ ch

Kr__ __n

__ __hr

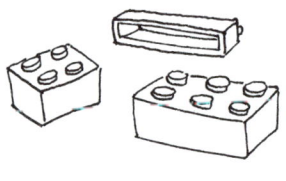

L__ g__

T__ sch__

P__ pp__

Fl__ t__

__rmb__ nd

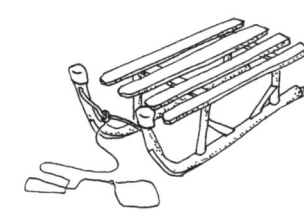

Schl__ tt__ n

F__ hrr__ d

R__ ll__ r

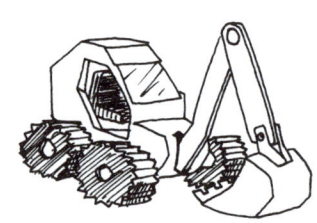

B__ gg__ r

R__ b__ t__ r

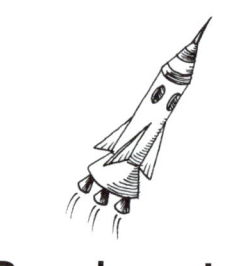

R__ k__ t__

__ s__ nb__ hn

Vokale (Dachbuchstaben) im Wort rot ergänzen.

Wunschträume

Ich wünsche mir
eine Wunsch maschine,
die mir was schenkt
an jedem Tag.

Ich wünsche mir
einen großen Bruder,
der immer mit mir
spielen mag.

Ich wünsche mir

ich

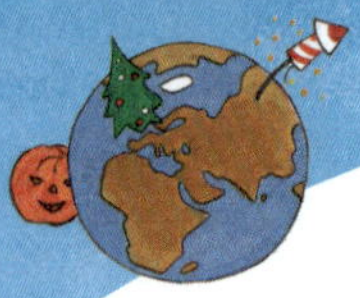

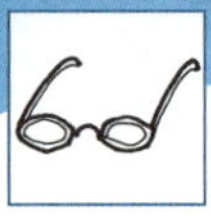

Lies und male!

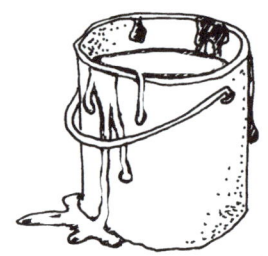

In dem Topf
ist rote Farbe.

Das Ei ist gelb
mit grünen Streifen.

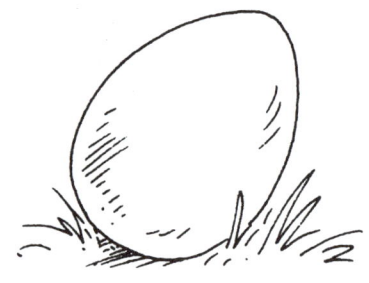

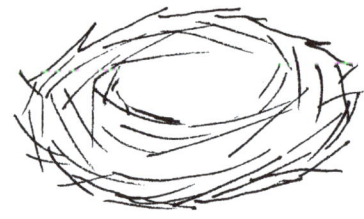

Im Nest liegen drei Eier.
Sie sind lila, blau und rot.

Unter der Bank liegt ein blaues Ei.
Bei der Osterglocke
ist ein Hase versteckt.
Neben dem Baum ist ein Nest
mit zwei Eiern.
Im Korb liegt schon
ein großes gelbes Ei.
Es hat eine rote Schleife.

Leseverständnis zeigen: Bilder dem Text entsprechend ergänzen.
ie, ck ▶ Seite 87

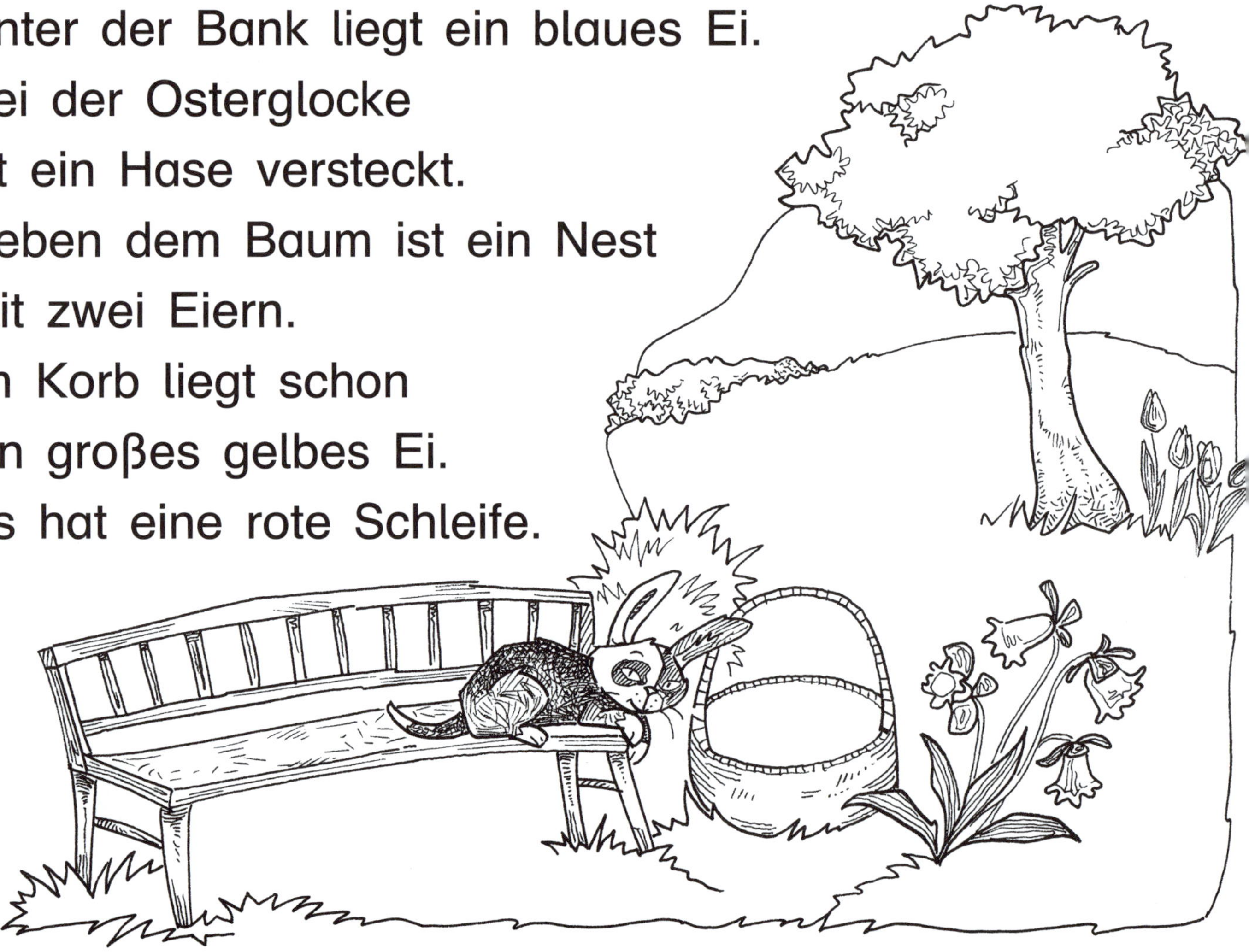

Verschlafen

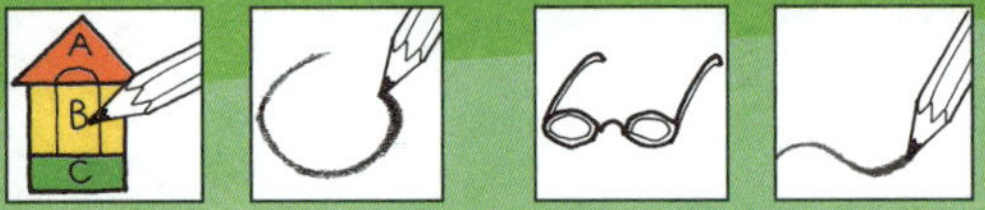

Spezialbuchstaben

B
ie
Y
Sp ng
ck St
Qu
C
X
Pf
V
nk

Die Buchstaben im Keller
des Buchstabenhauses
sind etwas für Profis!
Genaues Abhören der Laute
hilft dir zunächst nicht weiter.
Du musst wissen,
welche Buchstaben hier gebraucht werden.
Auf den nächsten Seiten kannst du
alle Spezialbuchstaben üben.

Qu qu

Qualle

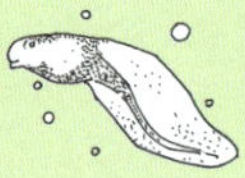

der Quirl

die Querflöte

die Kaulquappe

das Quartett

die Quelle

das Quadrat

Oben: Buchstabenkärtchen jeweils nach der Bearbeitung einkreisen, dazu passenden Gegenstand anmalen oder verbinden.
Unten links: Wörter verschriften, Qu/qu einkreisen; **unten rechts:** Qu/qu einkreisen, Wörter lesen und mit den Bildern verbinden.

Sp sp

Spinne

das **Sp**iel

die **Sp**ritze

der An**sp**itzer

die **Sp**ardose

der **Sp**iegel

die **Sp**agetti

St st

Stern

der **St**iefel

der **St**orch

die **St**raße

der Schorn**st**ein

der **St**uhl

der Bunt**st**ift

X x

 Xylofon

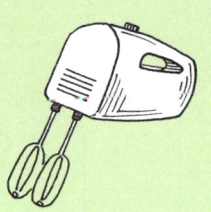

das Lexikon

die Axt

die Box

die Nixe

der Text

Max

_Ich bin Fatma.
Ich bin 6 Jahre._

Y y

Yak

Baby

das Hobby

die Python

die Pyramide

das Pony

der Yeti

die Hyazinthe

 ___ acht

 Z ___ linder

Tedd ___   Hand ___

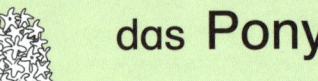

 Manchmal klingt das **y** auch wie **ü**

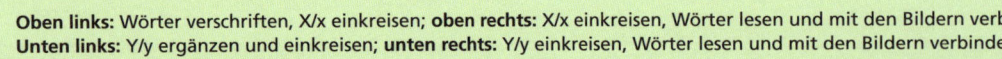

Oben links: Wörter verschriften, X/x einkreisen; **oben rechts:** X/x einkreisen, Wörter lesen und mit den Bildern verbinden.
Unten links: Y/y ergänzen und einkreisen; **unten rechts:** Y/y einkreisen, Wörter lesen und mit den Bildern verbinden.

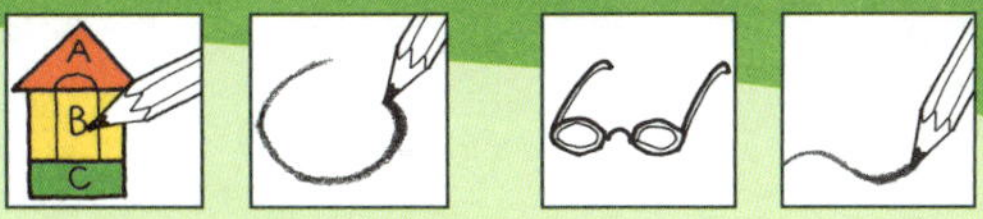

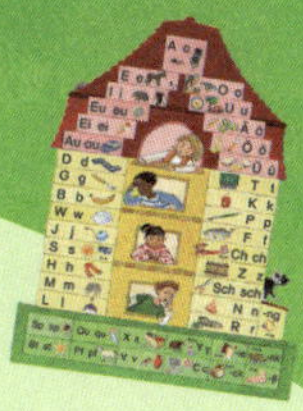

V v

Vogel

Vase

K_____

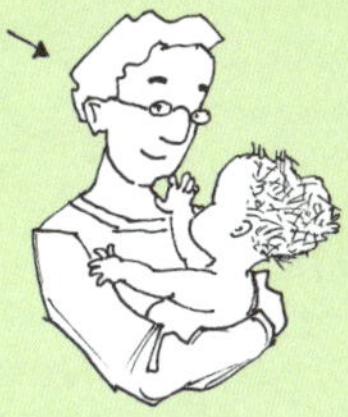

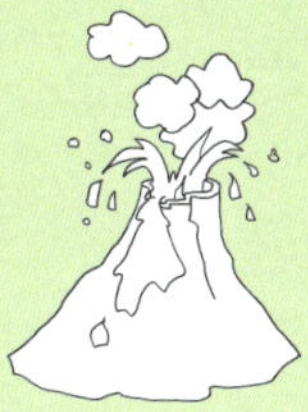

_____

das Klavier

die Lokomotive

der Pullover

der Vollmond

violett

vier

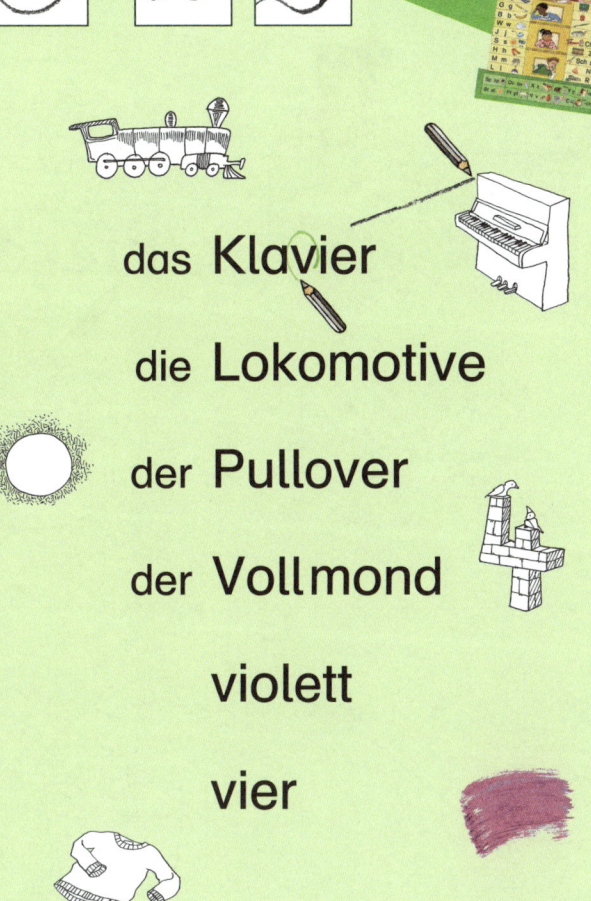

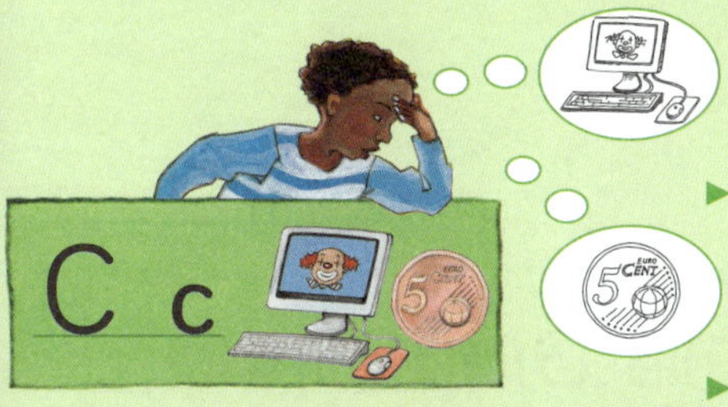

C c

Computer

Cent

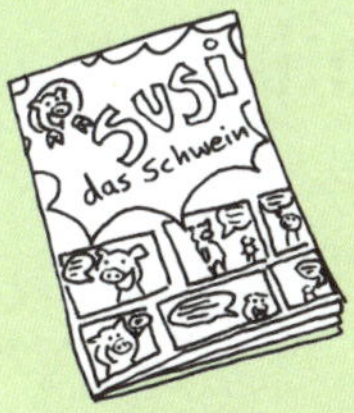

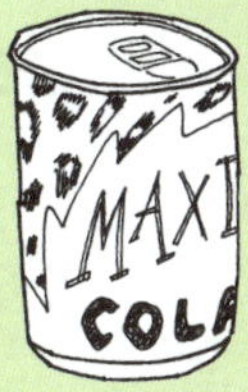

____omic   ____ola

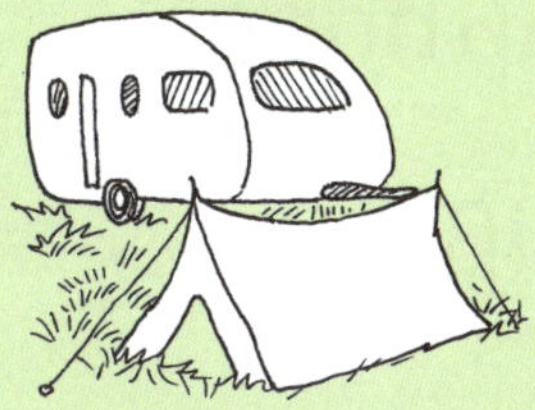

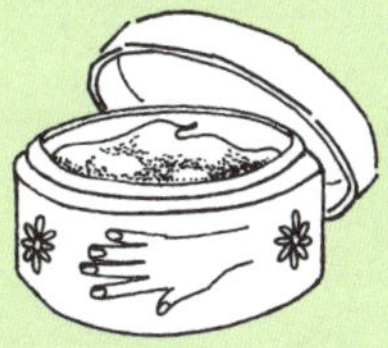

____amping   ____reme

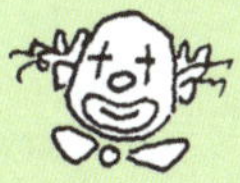

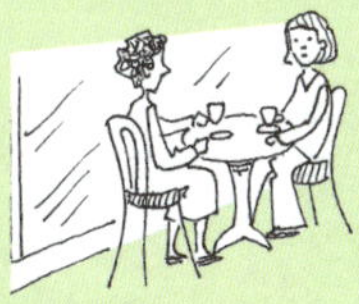

der Clown

die Currywurst

das Café

die Cornflakes

das Popcorn

circa

ungefähr

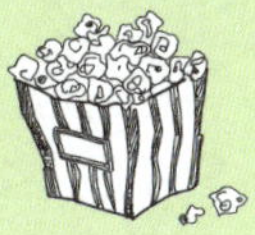

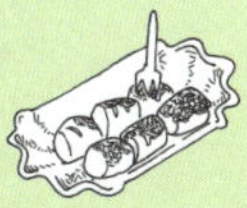

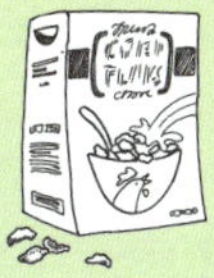

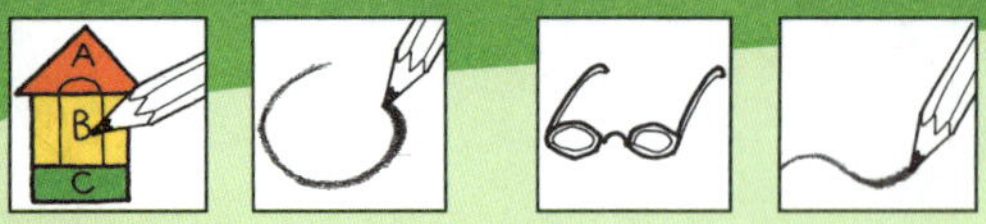

Pf pf

Pferd

der Pfirsich

die Pfote

der Kopf

der Strumpf

die Pfeife

der Dampfer

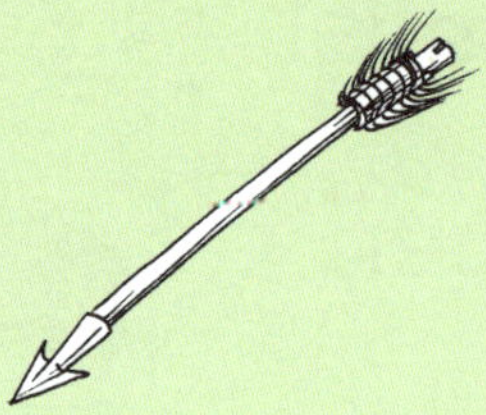

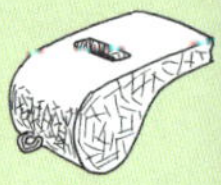

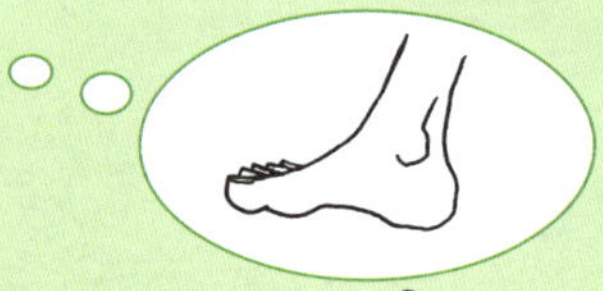

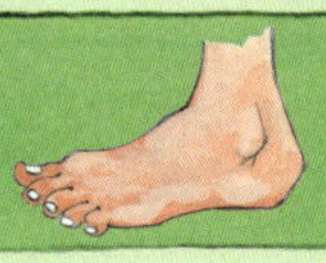

-ß

Fuß

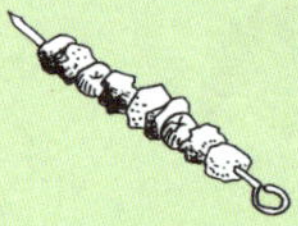

die Gießkanne

der Fußball

der Spieß

der Großvater

das Maßband

weiß

Links: Wörter verschriften, entsprechenden Laut einkreisen; **rechts:** Laut einkreisen, Wörter lesen und mit den Bildern verbinden.

-ie

Knie ____

die **Biene**

die **Ziege**

der **Stiefel**

der **Riese**

der **Spiegel**

sieben

▶ ____

▶ ____

-ck

Sack ____

die **Brücke**

die **Schnecke**

der **Wecker**

die **Decke**

der **Rucksack**

der **Fleck**

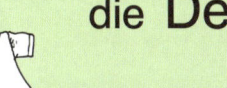

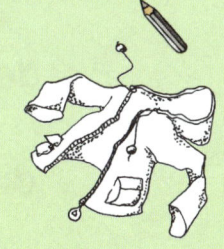

▶ ____

▶ ____

Links: Wörter verschriften, entsprechenden Laut einkreisen; rechts: Laut einkreisen, Wörter lesen und mit den Bildern verbinden.

-nk

Bank _____

die Funken

der Punkt

die Schranke

die Klinke

der Schinken

die Tankstelle

-ng

Ring _____

die Zeitung

der Engel

die Zunge

die Klingel

der Schmetterling

der Junge

Links: Wörter verschriften, entsprechenden Laut einkreisen; rechts: Laut einkreisen, Wörter lesen und mit den Bildern verbinden.